Redescobrindo
O Universo Religioso

Marcos Sidney Pereira

Ensino Fundamental
Volume 2

Edição Atualizada

EDITORA VOZES
Petrópolis

©2011, Editora Vozes Ltda.
Rua Frei Luís, 100
25689-900 Petrópolis, RJ
Internet: http://www.vozes.com.br

Todos os direitos reservados. Nenhuma parte desta obra poderá ser reproduzida ou transmitida por qualquer forma e/ou quaisquer meios (eletrônico ou mecânico, incluindo fotocópia e gravação) ou arquivada em qualquer sistema ou banco de dados sem permissão escrita da Editora.

Diretor Editorial
Frei Antônio Moser

Editores
Aline dos Santos Carneiro
José Maria da Silva
Lídio Peretti
Marilac Loraine Oleniki

Secretário Executivo
João Batista Kreuch

Assessoria Pedagógica: Claudino Gilz
Organização Textual: Viviane Mayer Daldegan
Revisor: Neida Maria da Conceição Padilha
Ilustrador: José Fernandes Souza Neto
Projeto gráfico e diagramação: Ícone Editoração Ltda.
Capa: Ícone Editoração Ltda.
Normatização bibliográfica: Edith Dias

PEREIRA, Marcos Sidney
  Redescobrindo o universo religioso: ensino fundamental; livro do estudante, volume 2/ Marcos Sidney Pereira. 5. ed. atual. Petrópolis, RJ: Vozes, 2011.
  72 p.   Ilust.

ISBN 978-85-326-4204-2 (volume 2)

Inclui bibliografia.

1. Ensino religioso (Ensino fundamental). I. Título.

CDD – 372.84

Editado conforme o novo acordo ortográfico.

SUMÁRIO

APRESENTAÇÃO

Unidade 1 – ENVOLVIDOS COM A VIDA

1 O ritmo da vida, 9
2 O ritmo da vida nas Tradições Religiosas, 15

Unidade 2 – CRESCER E CONVIVER

1 Viver é crescer!, 25
2 Passos rumo à convivência, 31

Unidade 3 – ENSINAMENTOS PARA A VIDA

1 Religiões ensinam a conviver em harmonia, 43
2 Viver é partilhar!, 49

Unidade 4 – COSTUMES NO MUNDO

1 Um costume para cada momento, 57
2 Costumes religiosos: conhecer e respeitar, 61

APRESENTAÇÃO

Prezado Estudante!

O Ensino Religioso é, na atualidade, uma das disciplinas escolares que pretende contribuir para a sua formação como ser humano e cidadão.

A sociedade em que vivemos, a escola e, principalmente, a sua sala de aula se constituem a partir da diversidade cultural e religiosa presente em nosso país. Eis por que as páginas deste livro não pretendem, de forma alguma, privilegiar o estudo desta ou daquela Tradição Religiosa. Pretendem, sim, ajudá-lo não só conhecer o propósito das Tradições Religiosas mas, principalmente, a respeitar e a conviver de modo fraterno com seus colegas, independentemente da opção religiosa que estejam seguindo na vida.

Desejo-lhe um excelente e significativo ano letivo!

O Autor

Envolvidos com a vida

1. O ritmo da vida
2. O ritmo da vida nas Tradições Religiosas

Desde que nascemos, convivemos em diferentes ambientes: na casa onde moramos com nossa família, na escola, na casa dos parentes, na casa dos amigos, nos parques, na comunidade religiosa, e assim passamos a conhecer as pessoas, a aprender a fazer amizades, a seguir horários, regras, rotinas e a entender que cada um desses ambientes tem o próprio ritmo.

Unidade 1

1. O RITMO DA VIDA

VAMOS BRINCAR DE ADIVINHAR? QUE BARULHO É ESSE: TUM, TUM; TUM, TUM; TUM, TUM; TUM, TUM?

É isso mesmo! São as batidas do coração...

Sabe? Quando minha mãe estava grávida, eu fui ao médico junto com ela e, durante o exame que fez, ouvi o coraçãozinho da minha irmãzinha. Fiquei impressionada, pois ele batia em um ritmo muito acelerado, ou seja, o movimento produzido era rápido e constante.

Será que há outros órgãos do corpo humano que produzem ritmos? Pense, pesquise ou converse com um adulto e, em seguida, registre suas descobertas!

_____
_____
_____
_____
_____
_____
_____
_____

Além dos ritmos produzidos pelo corpo humano, é importante entender que as ações das pessoas também possuem seu próprio ritmo. Por exemplo, o tempo que cada um precisa para fazer uma refeição: há pessoas que comem rapidamente, mas também há aquelas que aprenderam ou preferem degustar o alimento, mastigá-lo em um ritmo mais tranquilo e, assim demoram um pouco mais para terminar sua refeição. Mas no final, todas atingem o objetivo que é se alimentar.

E NA ESCOLA, É POSSÍVEL PERCEBER RITMOS DIFERENTES?

Observe!

 **Observe os personagens** e identifique aquele que possui o ritmo escolar mais parecido com o seu. Em seguida, pinte-o e explique em que as ações dele e as suas são parecidas.

_____
_____

 **Agora, converse com seu professor e** seus colegas sobre as respostas e as escolhas dos personagens que apareceram em sua sala que representam os ritmos de cada um.

Por meio de horários de chegada, saída, estudo, lanche, ou recreio é possível perceber que também há um ritmo próprio na vida escolar. E antigamente, como era o ritmo escolar dos alunos?

 Vamos descobrir realizando uma entrevista! A sua turma poderá convidar alguém que trabalha na escola para ser entrevistado: jardineiro, zelador, secretária, diretor. Procure prestar muita atenção nas respostas. Inicialmente é importante escolher com os colegas as questões que serão perguntadas.

Seguem algumas sugestões e o espaço para serem criadas outras perguntas.

- Nome do entrevistado.
- Um dos lugares em que estudou em sua infância.
- Como era o ritmo escolar? Como se organizavam as filas?
- Como era a entrada na sala de aula?
- O que faziam era sempre igual ou havia mudanças?
- O modo de todos os estudantes agirem era igual?
- Havia turmas mais rápidas ou mais lentas para organizar a fila?
- Havia alunos que eram mais agitados?
- E os professores, como agiam?
- Havia troca de professores ou era apenas um único professor que trabalhava com a classe?
- A escola tinha uma rotina, como era o ritmo escolar?
- Como era o modo de agir do entrevistado, qual o ritmo dele: rápido, lento?
- Como era a hora do recreio: o que faziam, quais as brincadeiras que mais gostavam? Todos participavam?
- Aconteciam intervalos separados por turmas?

_____
_____
_____
_____
_____
_____
_____
_____
_____
_____

 Depois de realizar a entrevista, que tal comparar o ritmo da escola do entrevistado com o ritmo de sua escola? Conversem entre si e, em seguida, registre por meio de desenho um dos aspectos mais curiosos em que os ritmos são diferentes.

Ritmo da escola do entrevistado

Ritmo da sua escola

MAS AFINAL, QUAL É A IMPORTÂNCIA DO RITMO NA ESCOLA?

Para descobrir, troque os símbolos pelas letras correspondentes.

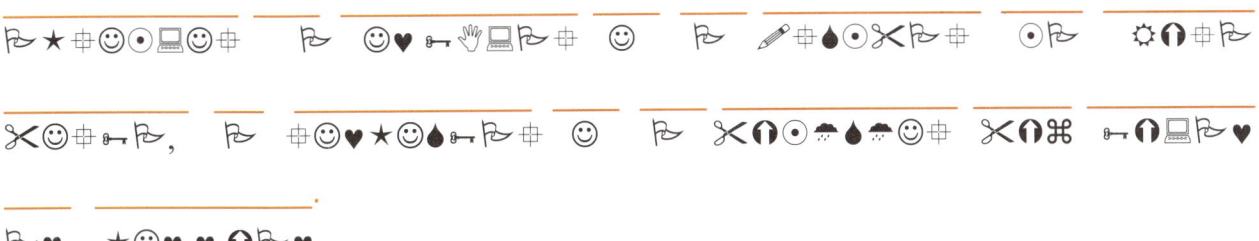

AJUDAR CADA ALUNO A...

A P R E N D E R   A   C O N V I V E R   E   A   P E R C E B E R   O A   S O A R

S E U S,   A   C O N H E C E R   E   A   S O N H A R   S O M   N O V A S

A S   P E S S O A S.

Vale lembrar que o diretor, o zelador, o professor, o coordenador são pessoas que convivem no mesmo espaço, nos mesmos horários, porém cada um tem seu ritmo próprio dentro da escola.

Nos demais ambientes em que vivemos, também temos a oportunidade de conviver com o ritmo de outras pessoas, aprendendo assim a respeitar e a valorizar cada uma delas, no seu próprio jeito de agir e viver.

> Puxa! Agora que eu entendi: demorei muito mais do que meu irmão para aprender a andar de bicicleta sem rodinha. Isso aconteceu porque cada um de nós possui um ritmo próprio, ou seja, cada um de nós precisou de um tempo próprio para aprender.

Assim, aprendemos que é preciso dar tempo aos irmãos e colegas para que possam aprender uma brincadeira nova, respeitando o seu ritmo, sem pressioná-los com brincadeiras desagradáveis ou apelidos, porque fazer isso é exigir que a pessoa realize coisas para as quais não está pronta. Ao contrário, é preciso motivar o colega/irmão para continuar tentando e quando conseguir alegrar-se com ele.

Veja só, até as plantas têm um ritmo para se desenvolver: uma rosa, por exemplo, primeiro é muda/semente, depois vira botão e somente depois é que se abre em flor... Cada coisa acontece conforme seu próprio ritmo de desenvolvimento, crescimento, seja na vida das plantas, dos animais e das pessoas.

Portanto, é preciso respeitar o ritmo da vida para que se possa ter uma boa convivência, tanto com as pessoas, quanto com a natureza ou os diferentes espaços que frequentamos.

TEIA DE IDEIAS

Imagine que um amigo seu faltou à escola e quer entender o tema que estudaram. Considerando aquilo que você aprendeu sobre o ritmo da vida nas aulas de Ensino Religioso, o que você diria a ele?

_____
_____
_____
_____
_____

> Nos diferentes ritmos que fazem parte da vida, o entendimento entre as pessoas acontece por meio da capacidade de relacionamento com as diferenças, em compreender respeitosamente o ritmo de cada um.

2. O RITMO DA VIDA NAS TRADIÇÕES RELIGIOSAS

Leia a história em quadrinhos a seguir.

 Vamos entender um pouco mais sobre essa história que você acabou de ler! Para isso desembaralhe as letras e descubra.

- Observando as características dos personagens, a que Tradição Religiosa essa família pertence? _____

O H D N Í S U M I

- A partir da história em quadrinhos é possível perceber que há um _____ que acompanha a vida e o desenvolvimento da criança nessa Tradição Religiosa.

T I R O M

Que tal conhecer também como é o ritmo da vida na Tradição Religiosa do Judaísmo?

O ritmo de vida religiosa da criança judaica muda assim que a criança começa a falar, pois lhe é ensinado que ao acordar de manhã, ainda antes de sair da cama deverá recitar *Modeh Ani*, agradecendo a Javé (*Yahveh*) pelo dom da vida e, ao se deitar, recitar o *Shemá Israel* que significa Ouça Israel!

O que significa o Shemá?

 Para saber a resposta, siga as setas e anote as letras!

A E L   É   A U M   M Ã A Ç I F O R A   E D   S A O S N   É F   E

I F O C N Ç A N A   M E   M U   S E D U   C O N Ú I   E

A E R D V E I R O D ,   A   E M Q U   E V E D O S M   S O T A D

S A   B N Ê Ã O S Ç   B E E C R I S A D ,   O D   M E M O T N O

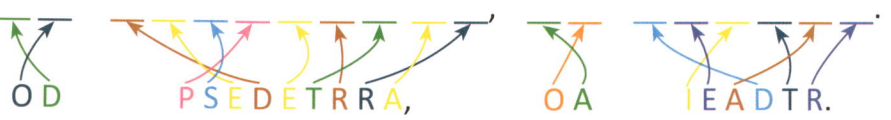

O D   P S E D E T R R A ,   O A   I E A D T R .

O corte do cabelo aos três anos, feito na presença dos familiares, modifica o ritmo da criança na tradição judaica, pois a partir desse momento os meninos iniciam o conhecimento sobre sua tradição religiosa e também já podem usar *kipá*.

Ainda no dia do corte de cabelo, apresenta-se ao menino o alfabeto hebraico, língua em que está escrita a Torá (livro sagrado), para que vá despertando e assimilando as letras enquanto o repete.

Quando chega o momento de ir para a escola, os pais escolhem um local que preferencialmente seja exemplo de vivência dos ensinamentos da Torá para que, conforme os meninos estejam crescendo, passem a conhecer as orações e não somente algumas expressões e ensinamentos de sua religião.

Cada Tradição Religiosa possui o seu próprio ritmo. Ao conhecê-lo, percebe-se a importância desses ritmos para aqueles que o praticam.

 E em sua Tradição Religiosa, quais aspectos você e seus familiares julgam que fazem parte do ritmo dessa tradição? Caso você não participe de uma Tradição Religiosa, que tal entrevistar alguém que possa lhe informar: vizinho, amigo, familiar que não mora com você, líder religioso?

Registre suas descobertas.

 Que tal pesquisar com seu professor e colegas como acontece o ritmo de uma Tradição Religiosa diferente daquelas que já foram estudadas?

É hora de pesquisar! Existem várias Tradições Religiosas, certo?

Escolham um acontecimento da tradição pesquisada que acharam interessante e elaborem uma poesia coletiva para explicar este acontecimento e como ocorre o ritmo nessa tradição.

TEIA DE IDEIAS

Observe a ilustração.

As comunidades religiosas têm muitas diferenças no seu jeito de viver, cada uma com o seu ritmo. Que tal escrever uma frase que motive o respeito ao ritmo da vida das pessoas de diferentes Tradições Religiosas?

Anotações e atividades

Anotações e atividades

Crescer e conviver

1. Viver é crescer!

2. Passos rumo à convivência

Ao longo da vida, à medida que crescemos, vamos aprendendo muitas coisas com nossos familiares, amigos e professores que nos ajudam a compreender as atitudes, o jeito das pessoas se comunicarem. E isso nos ajuda a escolher o melhor modo de saber conviver com as pessoas e suas diferenças, como também a crescer na amizade, na crença em Deus.

Unidade 2

1. VIVER É CRESCER!

Você já ajudou alguém a fazer um bolo ou já viu alguém fazendo?

VAMOS RELEMBRAR OU CONHECER COMO SE FAZ?

    É necessário providenciar alguns ingredientes como, por exemplo: ovos, trigo, margarina, leite, açúcar..., mas há um ingrediente que não pode faltar que é o fermento, porque sem ele, o bolo não cresce, não fica fofinho e torna-se menos saboroso. Ainda é necessário untar a fôrma antes de despejar o bolo, em seguida colocar para assar em tempo e temperatura adequados para só então, ao esfriar, poder saboreá-lo.

    Para que o bolo cresça, o fermento é indispensável, certo? Pensando em você: o que é necessário para que seu corpo cresça de maneira saudável?

 Procure ilustrações em revistas ou jornais para responder a essa pergunta. Em seguida, cole-as.

Isso mesmo! Foi por meio dos cuidados que recebeu e de uma alimentação saudável que você deixou de ser aquele bebezinho que...

ENGATINHAVA   MAMAVA

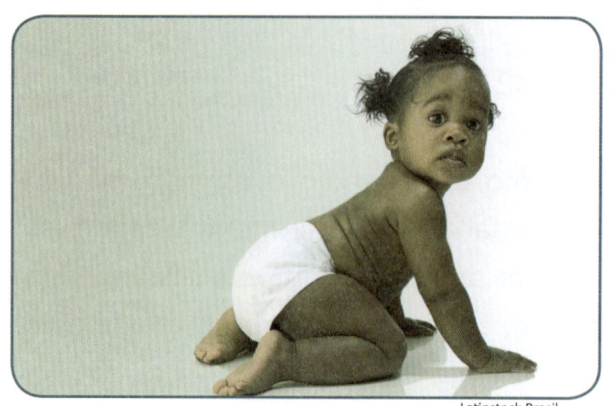
Latinstock Brasil

Latinstock Brasil

E se tornou assim...

Cole sua foto aqui

Juntamente com o crescimento físico, as pessoas também têm a oportunidade de crescer na aprendizagem, ou seja, aprender coisas novas a cada dia, seja ao realizar tarefas escolares ou domésticas, ao fazer novas amizades, como ao conseguir encontrar soluções para as dificuldades do dia a dia...

É possível comprovar isso fazendo algumas comparações.

Lista para relacionar suas preferências	Escreva em cada linha as respostas para suas preferências.	Pesquise com seus familiares as suas preferências de quando você tinha 3 anos.
Brincadeira		
História		
Lugar		
Objeto		
Sagrado		

Observando o quadro podemos perceber que nossas preferências mudaram, aprimoramos o nosso entendimento; a história simples, com poucas palavras, foi substituída por outra com mais texto, mais personagens, pois além de nosso crescimento físico também aprendemos mais sobre coisas, acontecimentos e pessoas.

Além do crescimento no físico e na aprendizagem, há também uma grande quantidade de pessoas que buscam crescer na amizade com Deus. Ou seja, para elas, essa amizade é como o "fermento" no bolo; um ingrediente especial que não pode faltar em suas vidas.

Mas como será que isso acontece?

 Observe as imagens e converse com seu professor e colegas sobre o que elas representam.

 Depois de conversar com seu professor e colegas, complete a frase:

PARA CRESCER NA AMIZADE COM DEUS...

_____

_____

Quando gostamos muito de um amigo, sempre que possível, queremos estar perto dele, conversar com ele, e jamais desapontá-lo. Assim também acontece com aqueles que querem crescer na amizade com Deus: começam ouvindo histórias e ensinamentos a respeito de Deus, e com isso aprendem a fazer o bem, a meditar, a rezar, a participar de encontros na comunidade religiosa, a ler o Texto Sagrado da sua Religião...

 Que tal entrevistar um colega ou funcionário da escola e perguntar a ele sobre uma das maneiras que utiliza para crescer na amizade com Deus? Registre por meio de desenho a resposta.

Nome do entrevistado: _____
Tradição Religiosa: _____

E você, sua família ou um dos colegas, o que têm feito para crescer na amizade com Deus?

_____
_____
_____

Crescemos na amizade com Deus quando escolhemos momentos para entrar em contato com ele na oração, na meditação, no diálogo... e também quando praticamos o bem, colaboramos com aqueles que precisam e respeitamos os outros e seu modo de agir.

TEIA DE IDEIAS

Ao observar por alguns dias uma plantinha, é possível acompanhar seu crescimento. Ao observar um álbum de fotos ou roupas do ano passado, livros ou atividades que você realizou em anos anteriores, também é possível observar como você cresceu.

 Veja as ilustrações e relacione-as com uma das formas de crescimento estudadas.

- Crescendo na amizade com Deus.

- Aprendendo cada dia mais.

- Crescendo no aspecto físico.

Viver é crescer!
Crescer indica oportunidades de conhecer, aprender!
Conhecer Deus é também uma maneira de crescer!

2. PASSOS RUMO À CONVIVÊNCIA

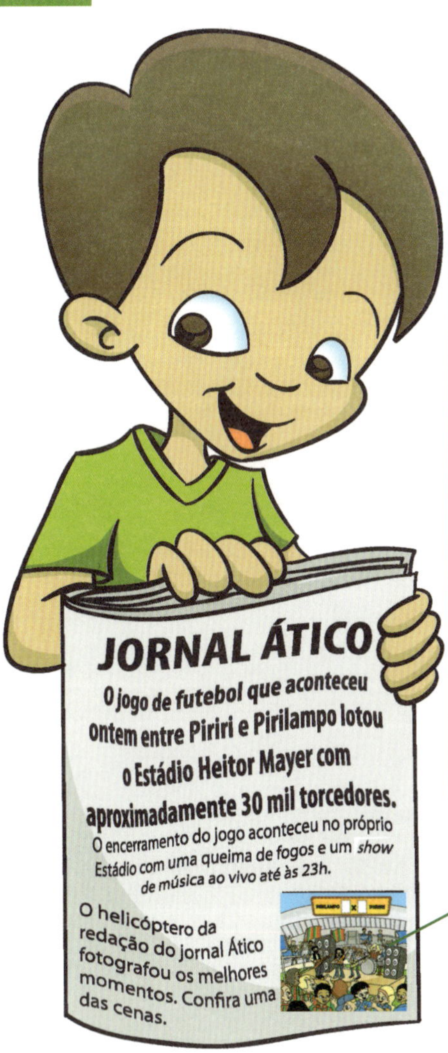

JORNAL ÁTICO

O jogo de futebol que aconteceu ontem entre Piriri e Pirilampo lotou o Estádio Heitor Mayer com aproximadamente 30 mil torcedores. O encerramento do jogo aconteceu no próprio Estádio com uma queima de fogos e um *show* de música ao vivo até às 23h.

O helicóptero da redação do jornal Ático fotografou os melhores momentos. Confira uma das cenas.

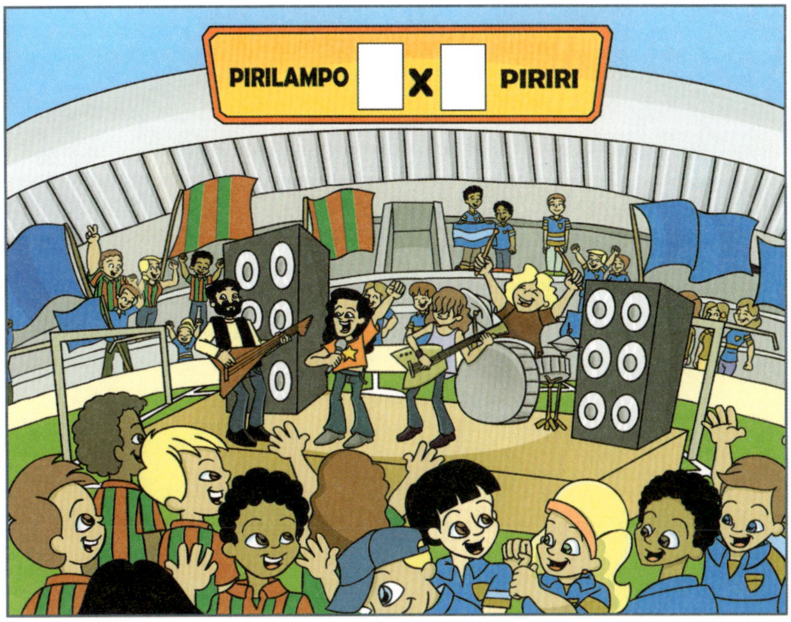

 O que podemos aprender com a notícia e a foto apresentada na capa do jornal? Descubra a resposta, desvendando a charada!

O que é? O que é?

Estar junto com as pessoas, sem brigar, sem discutir. Sentir-se em paz, em harmonia respeitando quem está aqui e ali.

O que é? _____.

 Agora, pense e anote o nome das pessoas com as quais você mais convive!

Em Casa

Na escola

Na comunidade religiosa

PUXA! QUANTA GENTE FAZ PARTE DA NOSSA VIDA, NÃO É MESMO?

Durante o dia, encontramos várias pessoas, mas será que convivemos com todas as pessoas que encontramos?

 Converse com seu professor e colegas sobre cada uma das cenas a seguir e marque com um X somente aquelas que indicam situações de convivência no dia a dia das pessoas.

É POSSÍVEL APRENDER COM AS PESSOAS COM QUEM CONVIVEMOS?

 Observe as ilustrações a seguir.

CLARO QUE SIM, NÃO É MESMO?

 Agora, procure lembrar algo que você aprendeu ao conviver com seus familiares, amigos e anote a sua resposta.

Aprendi com meus familiares	Aprendi com meus amigos

É por meio da convivência que aprendemos a fazer as coisas, a controlar nossos sentimentos, a dividir os brinquedos, a aceitar a ideia de quem pensa diferente, a repartir o alimento, a cooperar com os outros!

O que as Tradições Religiosas ensinam sobre convivência?

No Espiritismo, a convivência é sempre um desafio a ser colocado em prática, pois as pessoas pensam de maneiras diferentes. Mas, por meio do diálogo respeitoso, é possível encontrar boas soluções para qualquer dificuldade que surge entre uma pessoa e outra, entre as pessoas de uma Religião e outra.

Assim, não basta saber quais são as atitudes necessárias para uma boa convivência, é necessário colocar isso em prática, é fazer o que nos ensinam como passos para chegar a uma boa convivência: o respeito, a acolhida e o diálogo.

Atualmente, ainda existem Comunidades Indígenas que moram nas matas e preservam os costumes mais importantes de sua cultura. Numa comunidade indígena, uma das formas de conviver se realiza ao partilharem tudo: a colheita, a pesca, a caça para que todos tenham o suficiente para sobreviver.

Um dos passos propostos nas comunidades indígenas para conviver bem é o cuidado com a Mãe Terra e tudo o que ela oferece. Um exemplo disso é a região da Amazônia, que há 13 mil anos é ocupada por povos indígenas e que só foi sendo destruída com a chegada do homem branco.

Portanto, o respeito, a partilha, o diálogo são alguns dos passos importantes para que as Tradições Religiosas estabeleçam uma convivência harmoniosa.

 E na sua tradição religiosa ou de um de seus colegas, o que se ensina sobre a convivência? Procure em revistas, jornais ou até mesmo na internet imagens que representem a sua resposta.

Em alguns momentos, todos nós temos dificuldades em conviver bem, seja com as pessoas ou com a natureza...

A partir das situações apresentadas a seguir, que tal pensar em atitudes que possam contribuir para que a convivência harmoniosa aconteça?

- Quando alguém o empurra, o que você deve fazer?

_____

- Quando alguém pega o seu brinquedo favorito sem pedir, como deve agir?

_____

- Quando alguém precisa que você faça um favor, por exemplo, ajudar a secar a louça. Qual atitude deve tomar?

_____

- Quando alguém de Religião diferente da sua quer brincar com você, como agir?

_____

- Agora, anote uma situação que já aconteceu com você, quando teve dificuldades para conviver bem.

_____

- Qual a solução para essa situação que citou?

_____

Lembre-se:

Não basta saber o que é preciso fazer para conviver bem, é necessário também muito esforço para colocar em prática o respeito pelo outro: agindo com tolerância quando alguém o empurra; com paciência, quando alguém pega algo seu sem sua permissão; com alegria, quando alguém precisa de sua ajuda; com entusiasmo, para poder brincar com alguém diferente e com ele aprender coisas novas; com perseverança, para mudar de atitude; com diálogo, para resolver situações difíceis...

TEIA DE IDEIAS

Os jornais, a televisão, a internet muitas vezes divulgam notícias que nos entristecem, como por exemplo, brigas entre torcedores adversários, situações de discriminação e preconceitos com portadores de necessidades especiais, com pessoas de etnias ou Tradições Religiosas diferentes e outros...

Reconhecendo a importância de conviver bem, tanto para as famílias como para as Tradições Religiosas, elabore uma história em quadrinhos que revele orientações, ou seja, passos para que a prática da convivência harmoniosa aconteça.

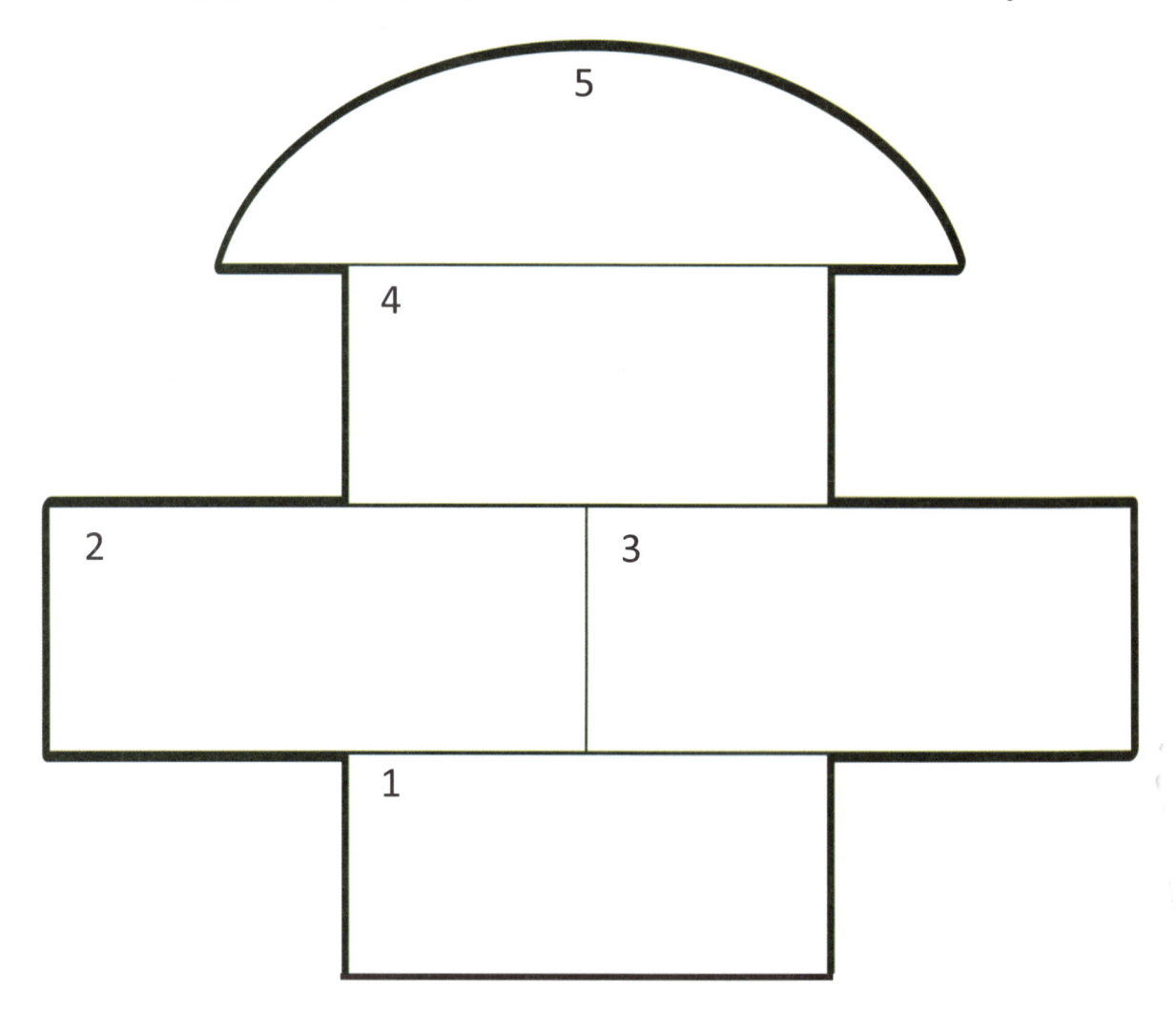

> Não importa a cultura, a etnia ou a religião. Depende de cada um dar o primeiro passo para que a convivência harmoniosa aconteça, ou seja, para que a paz aconteça em nosso meio.

Anotações e atividades

Anotações e atividades

Ensinamentos para a vida

1. Religiões ensinam a conviver em harmonia
2. Viver é partilhar!

As Tradições Religiosas afirmam que estar ao lado de alguém repleto de bons sentimentos, pronto para partilhar ideias e pertences, é saber conviver em harmonia. Esse é um ensinamento que nos ajuda a colocar em prática nossa capacidade de fazer a experiência de compartilhar e interagir com o outro, diferente de nós. Quem respeita o outro e sabe partilhar convive bem!

Unidade 3

1. RELIGIÕES ENSINAM A CONVIVER EM HARMONIA

Observe a história em quadrinhos

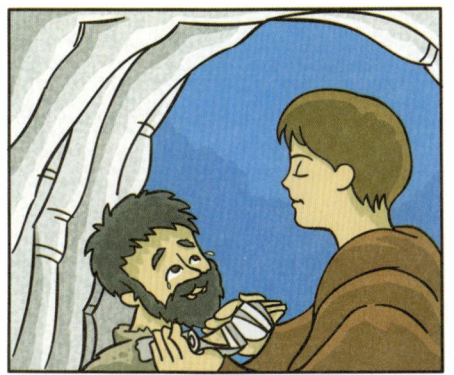

Francisco de Assis, o personagem que aparece em todos os quadros da história, morou na Itália, na cidade de Assis, há 800 anos e até hoje é lembrado como um exemplo de paz. Mas qual será o motivo? Volte à história e observe novamente cada uma das cenas, com atenção.

Com certeza você conseguiu perceber que Francisco foi um homem de paz.

Agora, pinte a alternativa que para você demonstra uma atitude/gesto marcante de paz, assim como foi para Francisco.

Contemplar, cuidar da natureza.

Ajudar alguém que precisa.

Falar com Deus.

Não revidar uma agressão.

Ouvir as ideias dos outros.

Abraçar um amigo.

Com atitude de paz e tentando evitar combates entre cristãos e muçulmanos, Francisco foi ao encontro do Sultão e, mesmo tendo sido agredido, não revidou, ou seja, não agiu tentando agredir também. Ao contrário, ouviu o sultão e conseguiu estabelecer um diálogo fraterno e amigável com ele.

Outros momentos da vida de Francisco poderiam ser citados como exemplo de homem de paz, pois até mesmo suas palavras irradiavam a paz por meio de uma saudação que dizia cada vez que encontrava alguém.

Para saber como Francisco saudava as pessoas, ordene as letras conforme a tonalidade dos quadros, iniciando do mais colorido.

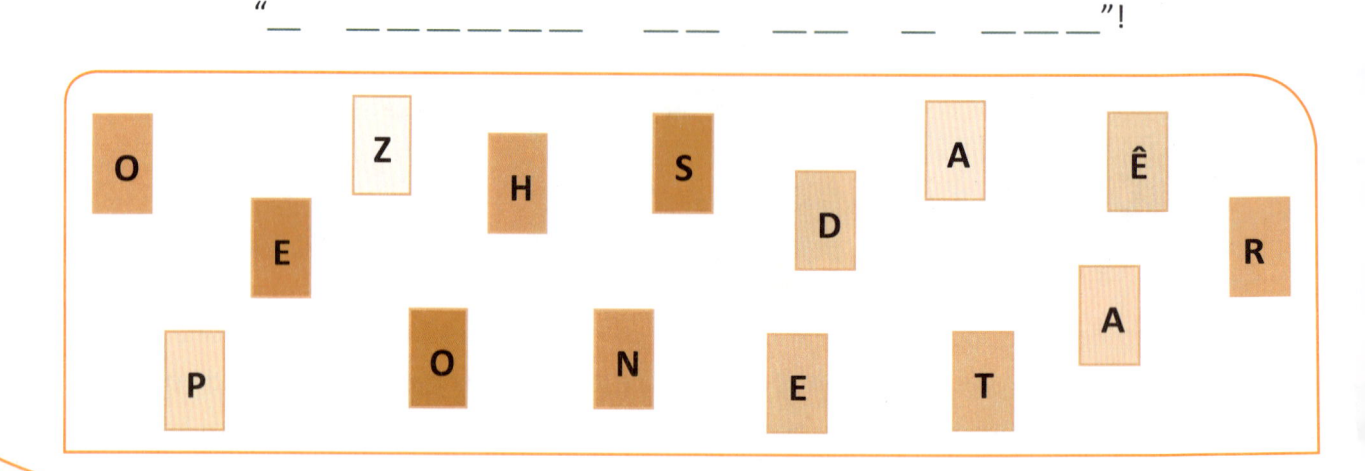

" _ _____ __ __ _ ____ "!

O Z H S A Ê
   E   D   R
P   O N E T A

A paz é resultado da troca de bons sentimentos na convivência entre as pessoas, ou seja, onde não há brigas, nem ódio, nem discussões, nem egoísmo, mentira, inveja ou maldade... Certo?

Você sabia que as Tradições Religiosas têm uma regra, conhecida como "Regra de Ouro" que orienta as atitudes das pessoas para que a paz aconteça por meio da boa convivência?

Vamos conhecer o que dizem?

Cristianismo: "O que quereis que os homens vos façam, fazei-o também a eles." (Lucas 6:31)

Budismo: "Não firas os outros de um modo que não gostarias de ser ferido." (Udanda-Varqa 5:18)

Judaísmo: "O que te é odioso, não faça ao teu semelhante." (Talmude, Shabbat 31ª)

Hinduísmo: "Trate os outros tal como gostarias que eles te tratassem. Não faças ao teu próximo o que não gostarias que ele depois fizesse a ti." (Mahabharata)

PARECE DIFÍCIL ENTENDER ESSAS FRASES, NÃO É MESMO?

Então preste muita atenção! A orientação da Regra de Ouro é a mesma: cuidar no modo de agir, não fazer coisas que irritem ou desrespeitem as pessoas, procurar tratar bem a todas as pessoas sem distinção. Assim, o que muda é apenas a maneira de escrever. Há mais de dez Tradições Religiosas que orientam seus seguidores a agir conforme essa regra. Isso significa que há uma preocupação das Tradições Religiosas para a existência de bons relacionamentos entre as pessoas, para que a paz esteja presente em suas vidas. Por isso não devemos fazer aos outros tudo aquilo que não gostaríamos que fizessem a nós!

Na prática, como essa regra funciona? Converse com seu professor e colegas!

- Você gosta que alguém o provoque, irrite?
- Você gosta que fiquem falando mal de você ou inventando apelidos?
- Será que apanhar é bom?
- Como você se sente quando mentem para você?
- E quando sujam/bagunçam de propósito algo que você acabou de limpar/ organizar?

É simples, não é mesmo? Basta agir respeitando tudo o que é próprio das pessoas: jeito de falar, modo de andar, jeito de vestir, rezar... procurando pensar antes de agir e fazendo aos outros o que gostaríamos que fizessem a nós.

Agora, observe a ilustração e encontre três erros/atitudes que você considera contrárias à Regra de Ouro assinalando-os com um X.

Você gostaria de receber esse apelido?

E você, diante das cenas que acabou de observar, que conselho poderia dar às crianças?

_____
_____
_____
_____
_____
_____
_____

Em 1986, líderes religiosos de diferentes tradições se reuniram em Assis, onde Francisco nasceu, a convite do Papa João Paulo II, para um encontro de convivência e de oração pela paz. Foi um exemplo de que é possível pessoas de crenças diferentes se encontrarem para conviver e rezar juntas pela paz no mundo.

A partir desse exemplo e tantos outros que temos, percebemos que é possível, sim, colocar a Regra de Ouro das Religiões em prática, promovendo uma convivência de harmonia. Afinal, todos nós desejamos uma sociedade onde as pessoas se respeitem, procurem agir cuidando uns dos outros e onde a paz seja aplicada em todos os relacionamentos: familiares, entre as religiões, entre os povos, entre os amigos, não é mesmo?

TEIA DE IDEIAS

Você pôde conhecer a regra de convivência mais desejada de todos os tempos para a sociedade chamada de "Regra de ouro". Que tal escrevê-la com suas palavras em um *outdoor* para divulgar como ela nos ajuda a conviver em harmonia?

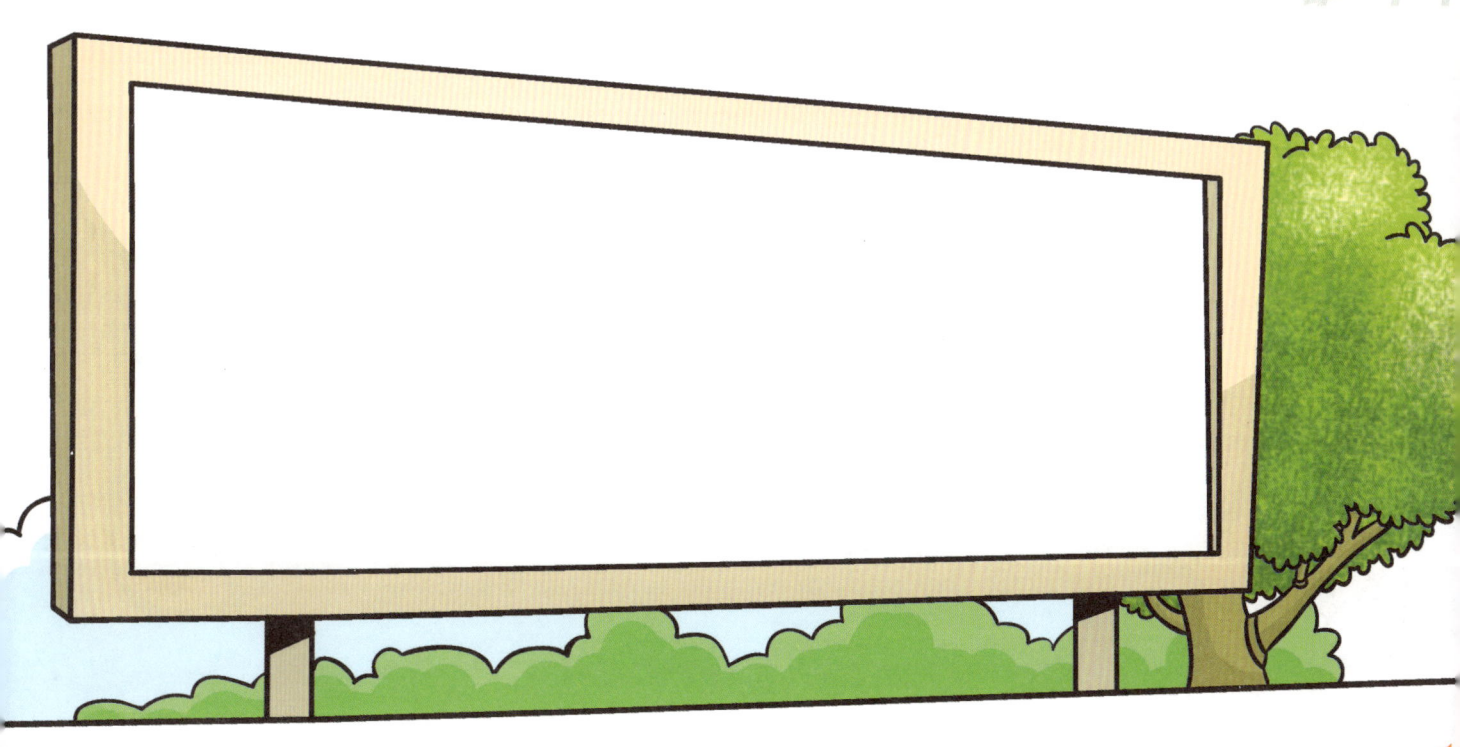

Anotações e atividades

2. VIVER É PARTILHAR!

É hora de história! Preste muita atenção, ela aconteceu na vida real!

Era uma vez uma família bastante simples, humilde e muito honesta. Os pais vieram do interior para a cidade. Após 2 anos de casados nasceu a primeira filha, e a segunda não demorou a chegar.

Assim, a diferença entre a idade de uma e outra era pequena. As duas irmãs aprenderam desde cedo a importância de partilhar. Então, se uma ganhava um chocolate, levava para casa para dividir com a mana.

Se as duas irmãs queriam o último pedaço de bolo, elas dividiam ao meio para que ninguém ficasse sem. Até mesmo os poucos brinquedos que tinham em casa eram partilhados.

Até que um dia a irmã mais nova, Letícia, foi convidada para ir a uma festa e, como não tinha um vestido adequado, lembrou-se que sua irmã, Giovana, ao fazer 15 anos, havia ganhado de sua madrinha um vestido lindo.

Depois que a Letícia se cansou de tanto pedir emprestado o vestido e receber um "não" como resposta, a mãe autorizou que ela usasse o vestido da irmã para ir àquela festa. Essa havia sido a primeira vez em que as duas irmãs haviam se desentendido gravemente, simplesmente por uma não querer emprestar o vestido para a outra.

Passaram-se alguns dias e Giovana conseguiu um emprego. O problema é que ela só tinha uma calça boa para sair, então teria que trabalhar o mês todo com essa calça até receber seu salário e conseguir, além de ajudar em casa, comprar o que precisava.

Logo no primeiro dia de trabalho, Giovana acabou tomando uma grande chuva na volta para casa, molhando e sujando a calça e, como era inverno, dificilmente iria secar para o dia seguinte.

Enquanto Giovana lavava a calça e lamentava o acontecido, Letícia correu no quarto, pegou a sua calça do guarda-roupa e ofereceu para sua irmã. É claro que as duas se abraçaram e Giovana pediu desculpas por ter se negado a emprestar seu vestido quando a irmã precisou.

A história que você acabou de ler apresenta a atitude da partilha sendo colocada em prática em vários momentos, pois partilhar é _____, colocar em _____ algo.

Para completar a frase, consulte a tabela conforme a indicação:

A	B	C	D	E	F	G	H	I
J	K	L	M	N	O	P	Q	R
S	T	U	V	W	X	Y	Z	

Linha 1, quadro nº 4: _____
Linha 1, quadro nº 9: _____
Linha 3, quadro nº 4: _____
Linha 1, quadro nº 9: _____
Linha 1, quadro nº 4: _____
Linha 1, quadro nº 9: _____
Linha 2, quadro nº 9: _____

Linha 1, quadro nº 3: _____
Linha 2, quadro nº 6: _____
Linha 2, quadro nº 4: _____
Linha 3, quadro nº 3: _____
Linha 2, quadro nº 4: _____

Agora que você já sabe o que é partilhar, volte no texto e sublinhe as situações de partilha que a história apresenta.

Viu só quantos bons momentos essas meninas têm para lembrar em suas vidas?

Uma vez por mês minha mãe me leva a um asilo para visitarmos as vovós que moram lá. Sempre preparamos um lanche para elas, mas o que mais gosto é de dividir com as vovós o amor que levo em meu coração, o carinho e a atenção ouvindo suas histórias...

Hum! Então quer dizer que além de podermos partilhar objetos (alimentos, roupas, calçados) que fazem parte das necessidades das pessoas, também podemos partilhar sentimentos (amizade, amor, carinho) e conhecimentos (ideias, brincadeiras, falar, escrever, uma maneira de falar com Deus).

Agora, pense em algo que você pode partilhar com uma pessoa, descreva o que é em formato de charadinha. Depois, troque o livro com um colega para ver se ele consegue acertar a resposta.

_____
_____
_____
_____
_____
_____
_____

Que tal realmente tentar partilhar o que colocou em sua charadinha? Tente, só não consegue quem não tenta!

Você sabia que as Tradições Religiosas também orientam seus seguidores sobre a partilha?

No Judaísmo, quando a criança começa a falar, recebe uma caixinha chamada *Tsedacá*, que é a caixinha da caridade. O sentido de recebê-la é para que aprenda desde cedo a colocar na caixinha parte do dinheiro que recebe dos pais, avós, ou mesada para ser doado as pessoas que precisam de ajuda, que são menos favorecidas. A caixinha é um modo de lembrar-se o quanto é importante ajudar o outro, partilhando com ele o que tem.

Aos adultos também cabe retribuir o que Javé (*Yahweh*) lhes confiou, partilhando com humildade àqueles que necessitam.

No Islamismo, partilhar (caridade/ *zacat*) é mais do que um dever ou uma obrigação. É também visto como um compromisso social. Segundo o Alcorão (texto sagrado), além de bens materiais, pode-se também vivenciar a partilhar com os familiares _____

Complete a frase encontrando as respostas na cruzadinha.

1. _____ de consolo.
2. _____ ao outro.
3. Momentos de _____.
4. _____ aos pobres e estrangeiros.

```
1. P _ _ _ _ _ _
   A
2. R _ _ _ _ _ _
   T
   I
3. L _ _ _ _ _
   H
4. A _ _ _ _ _ _
```

E na sua Tradição Religiosa ou em outra Tradição que possa pesquisar, o que se ensina sobre a partilha?

Nome da Tradição Religiosa:
_____
_____
_____

Ensinamento:
_____
_____
_____

Desenho

TEIA DE IDEIAS

Que tal produzir com sua turma e seu professor, uma poesia que revele o que vocês aprenderam sobre esse tema de estudo?

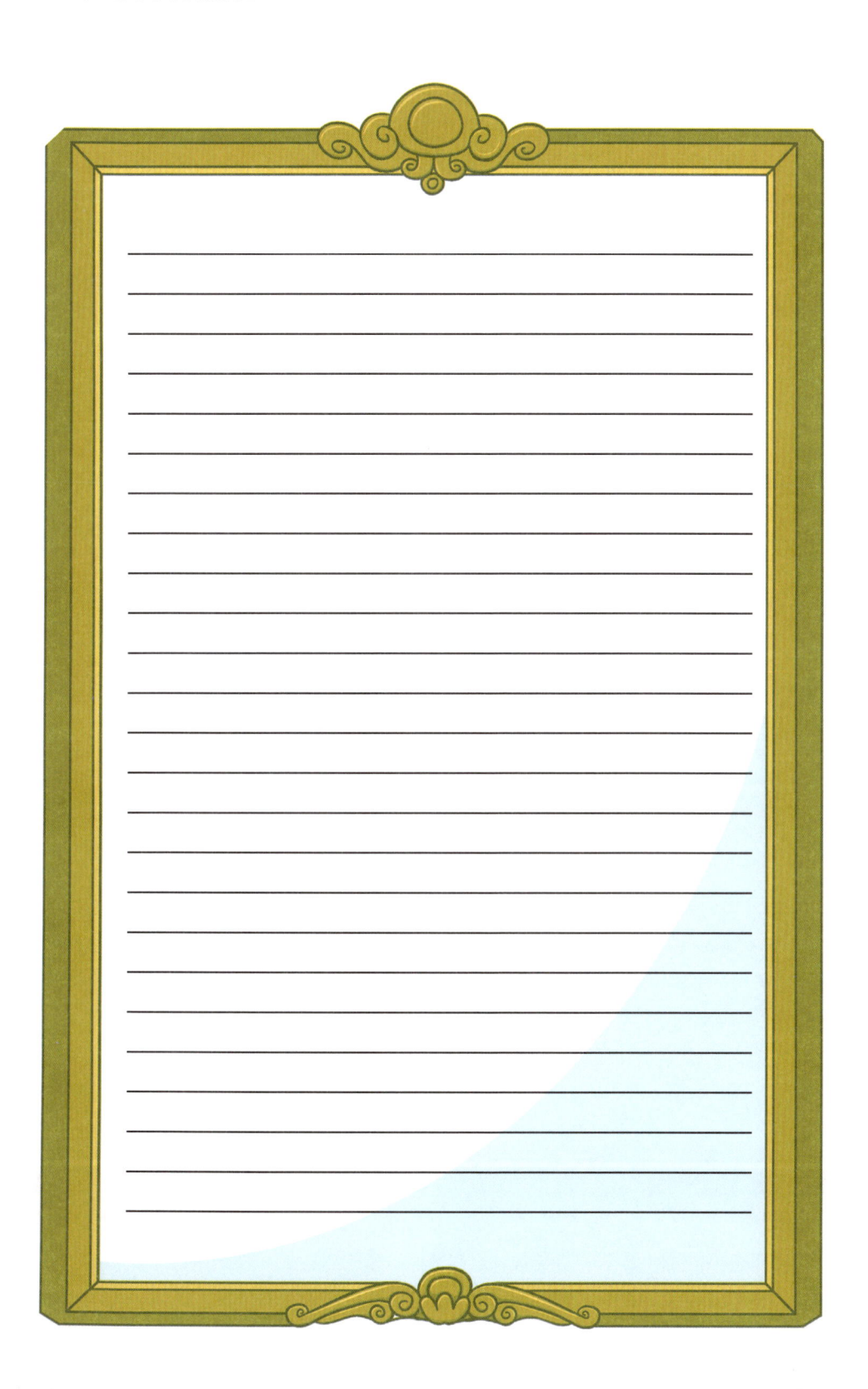

Anotações e atividades

Costumes no mundo

1. Um costume para cada momento

2. Costumes religiosos: conhecer e respeitar

Aprendemos na família alguns costumes como as maneira de cumprimentar as pessoas, maneiras de se vestir para diferentes ambientes, modos de se alimentar, termos próprios ao falar com diferentes pessoas, como também, o estilo da etnia à qual pertencemos e o aplicamos na vida em sociedade: na escola, com os amigos, vizinhos... Faz parte também de nossa vida e da sociedade os costumes das Tradições Religiosas, os quais ajudam as pessoas a lembrar momentos importantes de sua história e dos preceitos a serem seguidos.

Unidade 4

1. UM COSTUME PARA CADA MOMENTO

Vamos conhecer nosso tema de estudo por meio de uma charada?

O que é? O que é?
Nome dado a ações pessoais, familiares ou sociais que as pessoas fazem sempre ou quase sempre. É o mesmo que hábito. O que é?
_____
_____

Agora, vamos entender melhor o que é costume, observando a história a seguir?

Certo dia

No dia seguinte...

Outro dia

Namastê! Que costume bonito você tem!

Obrigado! Mas, o que significa Namastê?

"O Deus que habita em mim saúda o Deus que habita em você".

Na história que você acabou de ler, quais os costumes que você e seus colegas identificaram? Anote-os!

_____
_____
_____
_____

Existem costumes que pertencem à sociedade, a cada família, a cada pessoa e outros que dizem respeito às Tradições Religiosas. Observe novamente as palavras que você registrou na atividade anterior e siga a legenda.

- Circule de verde os costumes religiosos que você e seus colegas identificaram.
- Circule de azul os outros costumes (não religiosos) que você e seus colegas identificaram.
- Faça um X de vermelho no costume que é incentivado tanto pela sociedade quanto pelas comunidades religiosas.

Veja só que interessante!

Você identificou um costume que também está relacionado ao cuidado ecológico, solicitado tanto pelas tradições religiosas quanto pela sociedade, pois influencia no modo de agir, no cuidado com a vida.

A história também nos ajuda a perceber que no dia a dia, as pessoas têm muitos costumes, mas nem sempre eles são iguais, pois dependendo do lugar onde moram, da origem de sua família, da religião que praticam, os costumes podem ser bem diferentes.

Observe a ilustração.

Os muçulmanos, pessoas que seguem o Islamismo, têm o costume religioso de realizar o ritual de higiene antes de fazer as suas preces. Dentro da própria mesquita, utilizam lavatórios para lavar algumas partes do corpo buscando purificar-se.

Descubra mais como é esse costume recortando e montando as peças do quebra-cabeça que estão nas páginas finais do livro. Depois, cole-o no espaço abaixo.

Dentre os vários costumes religiosos do Candomblé, Religião de origem africana, havia um costume que se destacava entre os pescadores em Salvador, na praia do Rio Vermelho, no dia 2 de fevereiro.

Conforme a Tradição era preciso fazer oferendas a Iemanjá que é considerada a rainha do mar, deusa das águas, para obter boa pesca.

Tal costume religioso permanece até os dias atuais, sendo que as oferendas são feitas por mais ou menos 200 mil pessoas que durante o dia todo levam até os balaios, que estão à beira da praia, suas oferendas – acessórios femininos – como: espelhos, colares, brincos, maquiagem e, ainda, flores, perfumes, bebidas, comidas, agradecimentos, pedidos e outros. Por volta das 16h30, os balaios com as oferendas são levadas por embarcações em alto mar.

No ano de 2011 houve uma campanha feita pelos moradores do bairro Rio Vermelho para que as oferendas fossem de material biodegradável, evitando assim a poluição no oceano.

Existe uma curiosidade sobre as oferendas. Descubra qual é, desvendando a carta enigmática.

Há uma lenda popular em torno das oferendas: diz-se que se a oferenda do fiel voltar para a praia é porque ela não foi aceita por Iemanjá e _____
_____

Décima nona letra do alfabeto + segunda vogal + 🐻 – rso = _____

🦶 - acento ´ + divino – vino + do = _____

Contrário de "sim"! = _____

Serpente – 🪮 + á = _____

Atenção – ção + dia – a + 🎲 – da = _____

Quanto mais conhecemos sobre os diferentes costumes que existem, mais entendemos o significado e aprendemos a respeitá-los.

TEIA DE IDEIAS

Os costumes ajudam as pessoas a lembrar o jeito de ser da família, do país e da Tradição Religiosa.

Que tal elaborar coletivamente com seu professor e colegas um acróstico que revele o que vocês aprenderam estudando esse tema?

_____
_____
_____
_____
_____
_____
_____

2. COSTUMES RELIGIOSOS: CONHECER E RESPEITAR

Certamente, ao estudar o tema "Costumes" você deve ter lembrado alguns que pertencem a sua família.

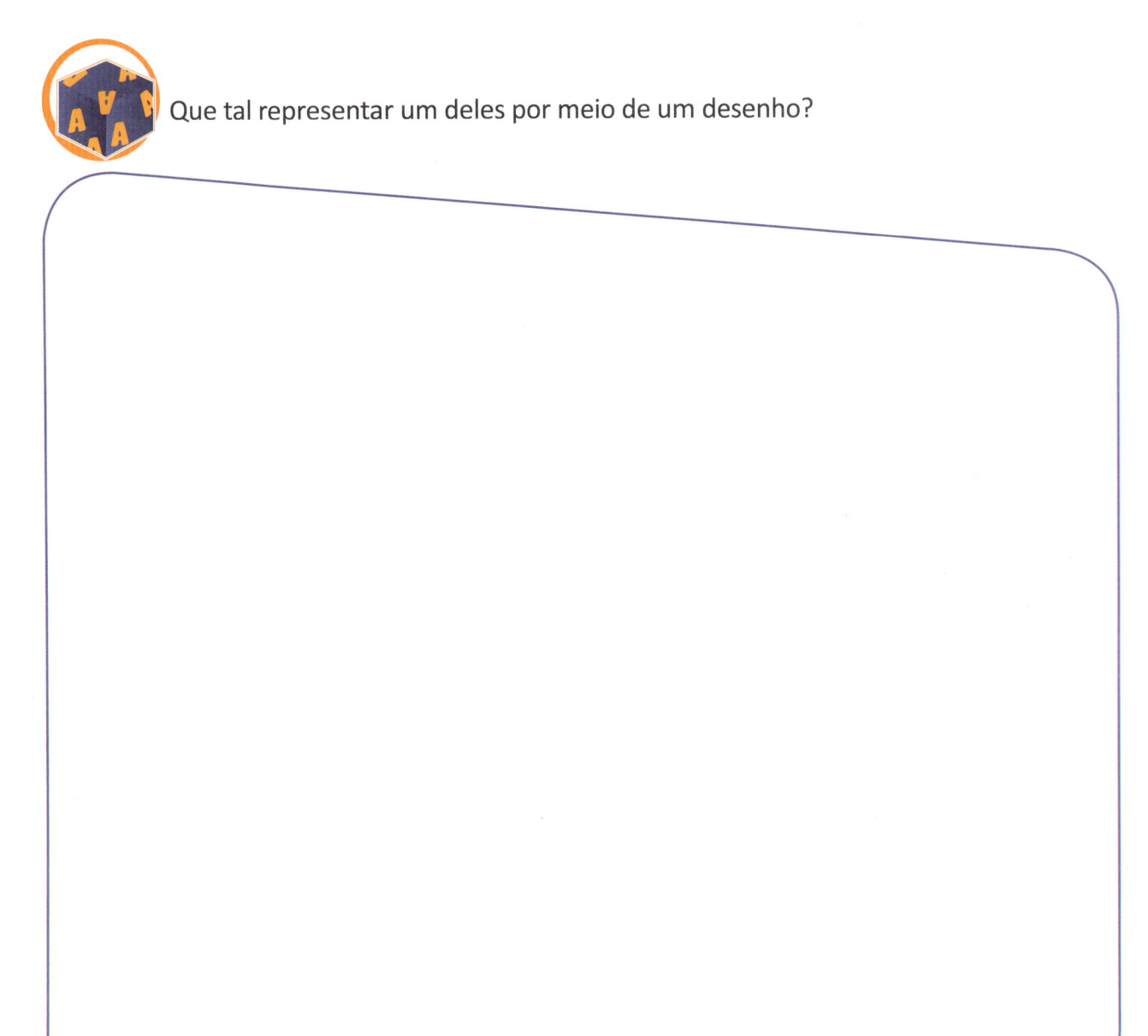

Que tal representar um deles por meio de um desenho?

Explique seu desenho.

_____
_____
_____

Os costumes familiares muitas vezes são aprendidos e ensinados de uma geração para outra geração. O mesmo acontece com os costumes religiosos que, ainda, ajudam as pessoas a viver melhor a sua crença.

Veja as fotos a seguir.

O muro que aparece na foto pertenceu a um grande Templo Sagrado do Judaísmo que por duas vezes foi destruído e só restou essa parede. Os judeus têm o costume de ir até esse local que se chama Muro das Lamentações para rezar e colocar pedaços de papel com pedidos, com orações entre uma pedra e outra. Chegam até a lamentar a destruição do Templo.

Outro costume judaico pode ser observado na foto a seguir.

O que será que a imagem representa? Você já viu algo parecido em algum lugar?

Converse com seu professor e com seus colegas, formulando hipóteses do que pode ser o objeto que está aparecendo na imagem.

1._____

2._____

3._____

Aí vão algumas pistas para vocês conferirem se acertaram ou não:

- é feito com dois rolos pequenos de pergaminho.
- cada rolo possui uma frase da Torá, livro sagrado do Judaísmo.
- é escrito à mão, em hebraico.
- quem o escreve crê em Deus e segue os seus mandamentos.
- serve para atrair a santidade de Deus nas casas, comércios, protegendo-os.
- é fixada na porta, do lado direito, dentro de uma embalagem.

Desembaralhe as letras para saber o nome desse objeto que faz parte de um costume do povo judeu.

O costume de fixar um _____ já é bastante antigo entre o povo judeu.
Á Z E M U Z

No Cristianismo, tem-se o costume de representar o nascimento de Jesus. A primeira representação foi feita na Itália, idealizada por Francisco de Assis, e por algumas pessoas que, com muita humildade, ajudaram o povo a relembrar o real significado do Natal para os cristãos, de maneira emocionante.

Então, tornou-se costume para os cristãos católicos montar presépios em suas casas, igrejas, praças, e outros ambientes, representando o nascimento de Jesus por meio de esculturas, trazendo para suas memórias esse momento tão especial. No ano de 2010, em Olinda (PE), na praça do Carmo, houve a inauguração de um presépio gigante com 130 peças, que variavam seus tamanhos entre 2 a 7metros de altura, considerado em 2010, o maior presépio do Brasil divulgado até esse ano.

Agora, que tal pesquisar ilustrações ou fotos de presépios em revistas, jornais, ou até mesmo na internet? Em seguida, utilize a sua criatividade para também representar a cena do nascimento de Jesus.

Repórter por um dia!

Entreviste alguém de sua família: pais, avós, tios perguntando sobre um costume religioso que já tenha visto ou seu próprio costume religioso e registre as respostas. Depois partilhe com seus colegas e professor.

ENTREVISTA: COSTUMES RELIGIOSOS

1. Nome do entrevistado: _____

2. Idade: _____

3. Conte um costume religioso que pratica ou que já viu alguém praticando _____

4. A qual Tradição Religiosa esse costume pertence? _____

Repórter: _____

Podemos perceber que os costumes nas Tradições Religiosas são expressões das pessoas sobre a sua crença e que, por meio desses costumes, mantêm presentes os fatos e acontecimentos importantes da Tradição Religiosa.

TEIA DE IDEIAS

Todas as pessoas possuem costumes próprios de sua cultura e Tradição Religiosa. Esses costumes fazem parte da sua história, da história de sua família e também da história das Tradições Religiosas. Precisam, por isso, ser guardados com muito respeito.

Registre dentro do baú uma frase sobre a importância dos costumes religiosos, escolha um costume de sua Tradição que você pretende manter em sua vida e aproveite para ilustrá-los!

Não esqueça! Respeitar o que é importante para as pessoas é um dever de todos!

Anotações e atividades

Referências

BOWKER, John. **Para entender as religiões**. São Paulo: Ed. Ática. 2000.

HEERDT, Mauri Luiz; BESEN, José Artulino; COPPI Paulo De. **O Universo Religioso**. São Paulo: Ed. Mundo e Missão, 2008.

HELLERN, Victor; NOTAKER, Henry; GAARDER, Jostein. **O Livro das Religiões**. Trad. de Isa Mara Lando. São Paulo: Schwarcz, 2001.

GARMUS Ludovico (coord.). **Bíblia Sagrada**. Petrópolis:Vozes, 1983.

EQUIPE DO JORNAL MISSÃO JOVEM, Vivendo e aprendendo – **Histórias para o dia a dia**. São Paulo: Ed. Mundo e Missão, 2002.

PIAZZA, Pe. Waldomiro O. **Religiões da humanidade**. São Paulo: Ed. Loyola, 1996.

SCHERER Burkhard (org.). **As Grandes Religiões** – Temas centrais comparados. Petrópolis: Vozes, 2005.

TABORDA, Francisco. **Sacramentos, práxis e festa – para uma teologia latino-americana dos sacramentos**. Petrópolis: Vozes, 1987.

WALDENFELS, Hans. **Léxico das religiões**. Trad. de Luis M. Sander. Petrópolis: Vozes,1995.

WILGES, Irineu. **Cultura religiosa – As religiões do mundo**. Petrópolis: Vozes, 1996.

HUSAIN, Shahrukh. **O que sabemos sobre o Islamismo?** São Paulo: Callis, 1999.

GANERI, Anita. **O que sabemos sobre o Budismo?** São Paulo: Callis, 1999.

WATSON, Carol. **O que sabemos sobre o Cristianismo?** São Paulo: Callis, 1998.

GANERI, Anita. **O que sabemos sobre o Hinduísmo?** São Paulo: Callis, 1998.

FINE. Doreen. **O que sabemos sobre o Judaísmo?** São Paulo: Callis, 1998.

KÜNG, Hans. **Religiões do mundo: em busca dos pontos comuns**. São Paulo: Verus, 2004.

<http://www.ghente.org>. Acesso em: 01/11/2010.

<http://www.pime.org.br/mundoemissao/indigenas2.htm>. Acesso em: 03/11/2010.

<http://www.gita.ddns.com.br/hinduismo/hinduista8_6.php>. Acesso em: 03/11/2010.

<http://images.google.com.br>. Acesso: 03/11/2010.

<www.mulhernatural.hpg.ig.com.br/.../iemanja.htm>. Acesso em: 03/11/2010.

<http://www.saindodamatrix.com.br/archives/2005/10/regras_de_ouro.html>. Acesso em: 03/11/2010.

<http://www.tupa.sp.gov.br>. Acesso em: 03/11/2010.

<http://www.pime.org.br/mundoemissao/relighinduismo.htm>. Acesso em: 08/03/2011.

<http://translate.google.com.br/translate?hl=pt-BR&langpair=en%7Cpt&u=http://www.askmoses.com/en/article/286,2068723/Why-is-the-Modeh-Ani-recited-before-the-morning-hand-washing.html>. Acesso em: 09/03/11.

<http://www.chabad.org/library/article_cdo/aid/623937/jewish/Modeh-Ani.htm>. Acesso em: 15/03/2011.

<http://www.islam.org.br/o_wudhu.htm>. Acesso em: 26/03/2011.

<http://www.islam.com.br/index.php?option=com_content&view=article&id=87:a-ablucao-simbolica-tayammum&catid=39:a-ablucao&directory=2>. Acesso em: 26/03/2011.

<http://www.islambr.com.br/index.php?option=com_content&view=article&id=3:newsflash-2&catid=3:newsflash>. Acesso em: 26/03/2011.

<http://noticias.terra.com.br/educacao/interna/0,,OI1814479-EI8266,00.html>. Acesso em: 27/03/2011.

<http://www.correio24horas.com.br/noticias/detalhes/detalhes-1/artigo/iemanja-pescadores-conseguem-novo-presente-para-a-rainha-das-aguas/>. Acesso em: 27/03/2011.

<http://historia.abril.com.br/religiao/muro-lamentacoes-480706.shtml>. Acesso em: 27/0/2011.

<http://www.culturatododia.salvador.ba.gov.br/festa-modelo.php?festa=8>. Acesso em: 27/07/2011.

<http://www.olinda.pe.gov.br/cultura/presepio-gigante-e-destaque-no-ciclo-natalino-de-olinda-2010>. Acesso em: 28/03/2011.

<http://www.linksdejesus.com/ARTIGOS.ASP?nart=60<>. Acesso em: 29/03/2011.

<http://www.irmarosa.org.br/>. Acesso em: 29/03/2011.

<http://www.momento.com.br/pt/ler_texto.php?id=2019&stat=0>. Acesso em: 30/03/2011.

<http://planetasustentavel.abril.com.br/planetinha/fique-ligado/conteudo_planetinha_449278.shtml>. Acesso em: 31/03/2011.

<http://planetasustentavel.abril.com.br/noticia/desenvolvimento/conteudo_433309.shtml>. Acesso em: 31/03/2011.

<http://www.franciscanos.org.br/v3/carisma/especiais/2009/sf/02d.php>. Acesso em: 01/04/2011.

<http://www.islamismo.org/apresentando_o_islam1.htm>. Acesso em: 01/04/2011.

<http://www.taize.fr/pt_article11027.html>. Acesso em: 02/04/2011.

EDITORA VOZES

Editorial

CULTURAL
- Administração
- Antropologia
- Biografias
- Comunicação
- Dinâmicas e Jogos
- Ecologia e Meio Ambiente
- Educação e Pedagogia
- Filosofia
- História
- Letras e Literatura
- Obras de referência
- Política
- Psicologia
- Saúde e Nutrição
- Serviço Social e Trabalho
- Sociologia

CATEQUÉTICO PASTORAL
Catequese
- Geral
- Crisma
- Primeira Eucaristia

Pastoral
- Geral
- Sacramental
- Familiar
- Social
- Ensino Religioso Escolar

TEOLÓGICO ESPIRITUAL
- Biografias
- Devocionários
- Espiritualidade e Mística
- Espiritualidade Mariana
- Franciscanismo
- Autoconhecimento
- Liturgia
- Obras de referência
- Sagrada Escritura e Livros Apócrifos

Teologia
- Bíblica
- Histórica
- Prática
- Sistemática

REVISTAS
- Concilium
- Estudos Bíblicos
- Grande Sinal
- REB (Revista Eclesiástica Brasileira)
- SEDOC (Serviço de Documentação)

VOZES NOBILIS
Uma linha editorial especial, com importantes autores, alto valor agregado e qualidade superior.

PRODUTOS SAZONAIS
- Folhinha do Sagrado Coração de Jesus
- Calendário de Mesa do Sagrado Coração de Jesus
- Folhinha do Sagrado Coração de Jesus (Livro de Bolso)
- Agenda do Sagrado Coração de Jesus
- Almanaque Santo Antônio
- Agendinha
- Diário Vozes
- Meditações para o dia a dia
- Guia do Dizimista
- Guia Litúrgico

VOZES DE BOLSO
Obras clássicas de Ciências Humanas em formato de bolso.

CADASTRE-SE
www.vozes.com.br

EDITORA VOZES LTDA.
Rua Frei Luís, 100 – Centro – Cep 25689-900 – Petrópolis, RJ – Tel.: (24) 2233-9000 – Fax: (24) 2231-4676 – E-mail: vendas@vozes.com.br

UNIDADES NO BRASIL: Aparecida, SP – Belo Horizonte, MG – Boa Vista, RR – Brasília, DF – Campinas, SP – Campos dos Goytacazes, RJ – Cuiabá, MT – Curitiba, PR – Florianópolis, SC – Fortaleza, CE – Goiânia, GO – Juiz de Fora, MG – Londrina, PR – Manaus, AM – Natal, RN – Petrópolis, RJ – Porto Alegre, RS – Recife, PE – Rio de Janeiro, RJ – Salvador, BA – São Luís, MA – São Paulo, SP
UNIDADE NO EXTERIOR: Lisboa – Portugal

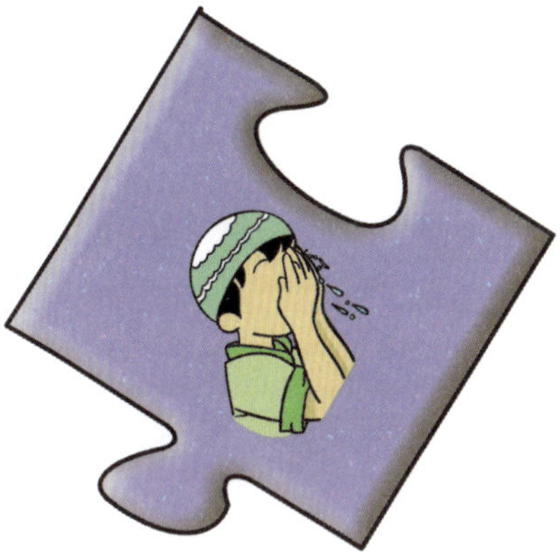
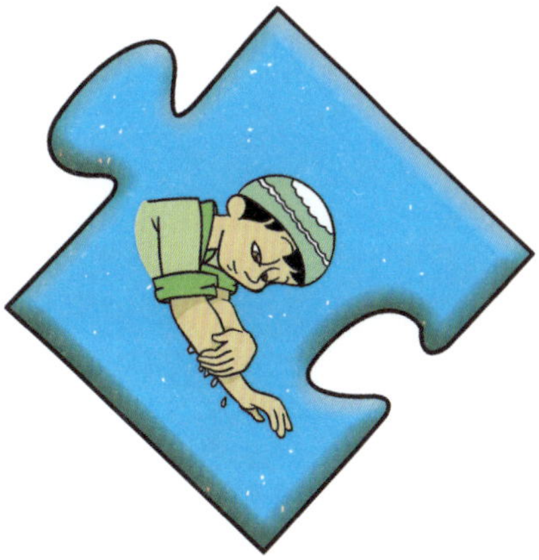
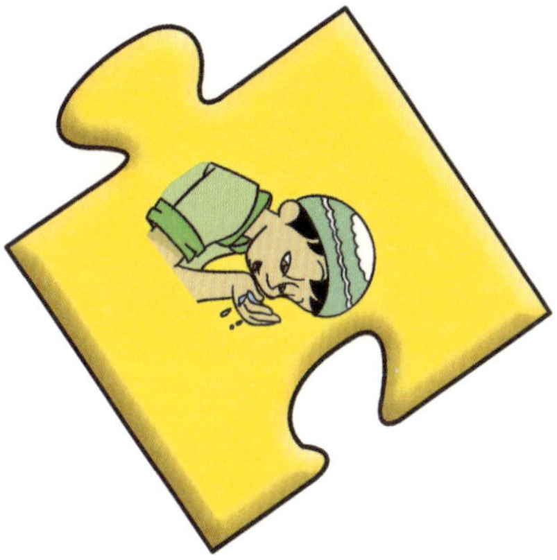
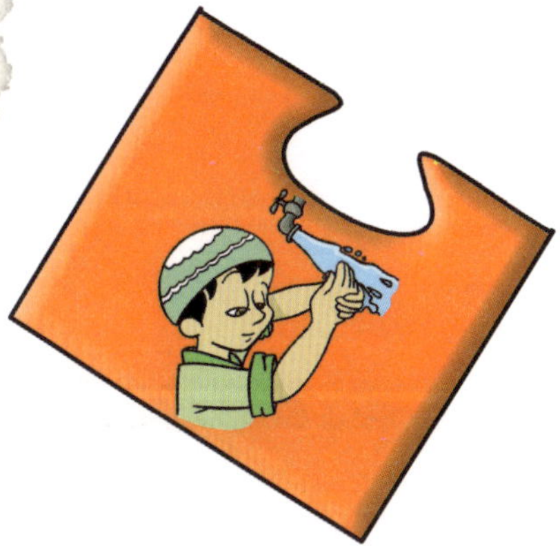
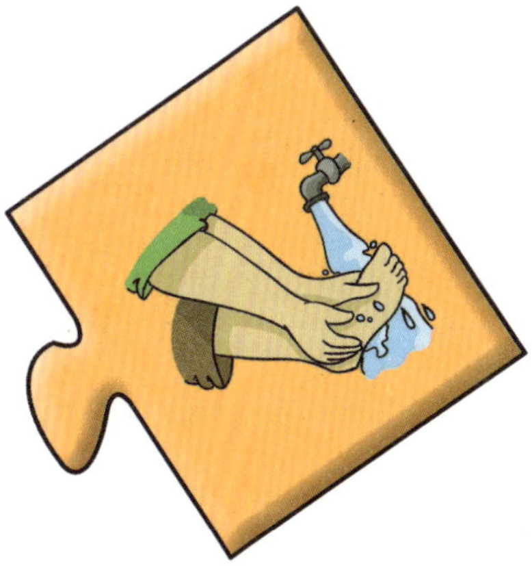